Yves Appriou

MELANCHOLIA
ou
L'Epitaphe d'un Cœur

Poèmes

2004 - 2008

© 2008 Yves Appriou

J'aurais aimé t'écrire un chef-d'œuvre,
Digne de toi, digne d'un ange…

A l'Inexprimable
Sentiment d'Amour...

Préface

Splendeur d'un monde où se relayent le jour et la nuit sur le trône du temps. La lune et sa pléthore d'étoiles somptueuses ; l'Astre du jour scintillant de mille feux... Puis nous ! Insignifiant parmi les Insignifiants, dans le tumulte et les hurlements de la Haine, tentant pour ma part... d'Aimer !

AVERTISSEMENT

Ce recueil est conçu de désespoir et de douleurs emphatiques d'une vie qui se veut malheureuse. « Souffrant, je rédige ; rédigeant je souffre un peu plus, alors je range la plume et jette le papier ; mais ce faisant, je sombre dans une tristesse sans pareil, et souffre encore et toujours, de ce mal dévorant qu'est l'amour. ». L'absurde me noie dans sa masse, l'extravagant me possède peu à peu... Je me perds dans les méandres de mon esprit. Je me sens l'ardeur d'un fou.

Cet ouvrage reflète le dégoût de moi-même. Je me hais, m'abhorre, me déteste. Je me sens l'âme d'un poète enfermé au plus profond de soi, condamné à flâner en Enfer durant le peu d'immortalité lui restant. Immortel... Oui, immortel est le poète dans son univers inventé. J'ai créé de toutes pièces un monde plus vaste que l'infini. Je n'y suis ni Roi, ni Prince, mais l'esclave de mes mots. J'y suis l'incarnation de la souffrance et de l'amour inassouvi... A quoi bon l'éternité, si c'est pour rester cloîtré dans un macrocosme écrit, avec pour seul bagage, un cœur, et la douleur qui s'y trouve. Je m'imprègne de ma propre aversion, et me fonds entre les lignes de ce cosmos poétique dans une interminable plainte. L'œuvre se consume de l'intérieur, et moi avec elle. Nous sommes silence ; nous sommes passion. Nous sommes un brasier perpétuel, la mort incessante d'un monde. Je suis ce poète immortel, ce mourant de chaque soir renaissant chaque matin. J'erre dans les pages de l'ouvrage ; dans les pages de cet univers inventé dans lequel je ne suis ni Roi, ni Prince… mais l'esclave de mes mots.

I Alexandrins de la douleur

En monarque absolu, le silence régnait.
La nostalgie m'avait nettement envahi,
Abandonnant sa place à la mélancolie.
Depuis peu dans mon esprit, elle avait gravé
Un très long cortège de macabres pensées,
Qui retentissaient comme le funèbre glas.
Tel une île au milieu des vagues j'étais là,
Aussi placide que l'on peut l'imaginer,
Tentant en vain et malgré moi, de rédiger
Une douloureuse et maussade poésie,
Résumant en quelques vers moroses ma vie,
Sur un air malheureusement… désabusé.

II Toi que j'aimais

À l'heure où l'aube scintille de tous ses feux,
Moi, je naviguais sur l'océan du bonheur,
Flottant sur la blanche écume des jours heureux
Qui désormais laissent place à cette douleur.

Hélas, l'œil rivé sur le morne horizon
De mon Destin, je contemplais le Firmament,
Et j'espérais que l'on s'aime au fil des saisons ;
Toi que j'aimais… Toi que j'aimais éperdument…

Mon existence n'est plus une rêverie…
Au beau milieu de mes pensées, je reste seul,
Et le soleil se couche sur mon cœur meurtri
En ce soir fatal où je tisse mon linceul.

Adieu ! J'abandonne tout espoir de survie.
Me laissant mourir de l'épine d'une rose,
Je m'enterre dans le sépulcre de ma vie,
Au plus profond de mon âme triste et morose…

III

Dans un jardin aux mille parfums séraphiques,
Nous apercevrions une tombe sans fleurs ;
Et à toi, belle Rose au charme poétique,
Emu, je te déclarerais : « Ci-gît mon cœur »…

IV Larme de sang

Tu as planté dans mon coeur une rose plus noire que l'ébène. Il est mort. Mon esprit et mon corps n'attendent que le moment fatidique pour en faire de même... Je ne suis plus que l'ombre d'une vie qui s'éteint peu à peu... Ô Vie qui m'abandonne ! Ô somptueux Amour qui me délaisse, et dont je garde en mon cœur la profonde entaille de ton éphémère mais ardent passage ! Ô toi, Ange que j'ai aimé et que j'aimerai sans cesse ! Je verse pour toi une larme de sang, venue du sanglot de mon cœur, gage d'une flamme éternelle.

V Stances inachevées

Délicate odeur d'un matin calme et serein,
Je t'aperçois, entre deux rayons de soleil ;
Il trône si bas, dans le ciel qu'est son écrin.

Des plaies de mon cœur coulent des larmes vermeilles…

Etrange parfum d'un soir de brume et de froid,
Je t'imagine, entre les éclats de la lune ;
Illuminant cette voûte de désarroi.

[…] Incessant murmure du vent ;
[…] Bruissement paisible des feuilles ;
[…] Sempiternel susurrement…

[…]Je t' [*aime*]

Je commence à me noyer sous ce flot de sang
-timents, sous ce flot d'acariâtres pensées ;
Me tenant coi ; La plaie verse encore le sang !

De mon cœur coule un torrent de larmes vermeilles…

Et sur mes joues scintillent d'écarlates traces ;
Voilà que je t'imagine, telle la Lune,
Illuminant, déposant ton regard de grâce.

[…]

VI Heptasyllabe

Du bel éclat de la lune
                [*et du parfum de la rose tu es née,*]
Avatar d'un astre et d'une [*fleur*]
Au visage du bonheur ;

Comment osé-je t'admi[*rer,*]
Moi qui ne suis qu'une pluie [*sans odeur,*]
[…] De la boue sans couleur…

VII

Je cherche désespérément
La quiétude d'une nuit,
Pour verser une larme inconsistante
Qui n'arrive même pas à couler,
Et ressens plus que tout
L'intense envie de me réfugier
Dans de rassurantes paroles.

A mes yeux, tu es perfection.
Espérant encore et toujours,
J'attends pourtant l'Inespéré,
Ce qui me permet de subsister
Dans ce monde de Haine.
J'admets que je ne vis
Que de rêves et d'illusions,
Mais au moins, je vis !
Et en vivant,
Je t'aime...

VIII

Amour ! Ô délicieux poison ! Ecoule-toi
Lentement dans mes veines ; ô murmure-moi
Quelques mots ténébreux,
                [quelques phrases moroses ;
Et transperce mon âme d'une sombre rose…

IX

L'homme marche,
Vagabond d'un jour,
Hagard et seul parmi les innombrables passants
D'une foule illusoire,
Faite de grisaille et de froid;
Une foule aux mille regards impassibles,
Aux mille âmes moroses...
Errant dans des rues qui s'estompent
Sous les premières neiges,
L'homme semble flâner au gré du temps,
Dans un cycle interminable
De pas et d'acariâtres pensées,
Comme cheminant sempiternellement
Dans les méandres de la vie…

X

Ce fut elle, l'ange que je vis dans mes rêves,
Cette passante que je croise par hasard,
Au détour d'une rue, quand la brume se lève…
[Instant fugitif] Je me fonds dans son regard.

Ce fut elle, tellement belle et séduisante,
Cette passante, cette inconnue d'aujourd'hui,
Aux charmes démoniaques, au sourire qui hante ;
C'était bien elle, Ô mon amour de chaque nuit.

***

Enivre-moi de ce regard si ravissant,
Ce regard fugace, aux couleurs de l'océan.

XI

Il pleut.
J'ai froid.
L'eau ruisselle
Peu à peu
Sur le papier,
L'encre se trouble…
Serait-ce
Ma vue ?
Une larme
Se mêle
A la pluie.
Je suis seul
Dans un royaume
De silence.
Subtil mélange
De sérénité
Et de vide ;
Douce ruine
De l'esprit.
Je range sa lettre
Et me lève.

Je marche
Sur une sente
Boueuse.
J'espère que c'est
Le chemin de
L'éternité.
Je suis las.
Mes propres pas
M'effraient.
Je m'arrête et
Parviens presque
A esquisser un
Sourire.
Je me dis que la vie
N'est qu'un mauvais
Instant
A passer.

XII Le Temps d'un Soupir

La joie est une illusion si parfaite, qu'elle déforma l'objet de mes sens, me persuadant que ma vie fut belle, et le sera peut-être encore. Ô songe majestueux ! J'ai souhaité m'emparer du bonheur, mais forcé de constater que sa place n'était pas en moi, je ne pus que me résoudre à le relâcher, m'attristant sur mon propre sort.

Foudroyer un cœur en un regard pour le broyer ensuite en quelques mots. N'est-ce point là des actes vains ? Peut-être est-ce par pure cruauté ? Qu'en sais-je…

Je crois qu'au fond, le plus terrible en cet instant est la solitude qui m'invite à prendre place sur l'échafaud de l'esprit, dont le plus fidèle bourreau est la Pensée, ce rongeur aux griffes acérées ! Ah mon cœur, ce fardeau ; mon esprit, cet insensible ennemi ; et mon âme… inconsistante vapeur d'existence aux innombrables volutes d'affliction…

De temps à autre, l'écrivain flâne en Enfer. Le Poète, lui, y réside dans la vie comme dans la mort, déchet errant au langage embelli. J'ai tenté de manier la plume, de jouer avec les mots ; j'ai découvert le plus bel apparat du poète : le désespoir.

XIII

Tristesse d'un cœur dans le malstrom de l'Amour,
Apeuré par la vie, appelé par la mort ;
Chagrin d'une âme qui s'éteint au fil des jours,
Se fondant dans ce monde où la haine est pléthore !

XIV Sur un air de folie

Je vous livre mon cœur corrompu, avarié,
Sur un plat le plus crasseux possible, escorté
D'innombrables couteaux extrêmement tranchants,
Pour que vous, ô bande d'humains bien répugnants,

Le découpiez sans vergogne aucune ; en silence.
Que vous bouffiez ce met pourri par l'espérance,
Que vous bouffiez, à vous en exploser la panse ;

Allez-y donc ! Qu'espérez-vous ! Que je regrette ?
Humains pernicieux, n'en laissez pas une miette,
Bâfrez-vous, engloutissez, je n'attends que ça…
Savourez ce cœur, vous qui n'en possédez pas !

XV

Je vis au rythme de sentiments silencieux ;
Je meurs à la vue d'une larme dans tes yeux,
Toi mon amour, flamme dansante de mon cœur,
Ton regard berce l'âme éteinte d'un rêveur.

XVI

Un rêve n'en serait plus un, si l'on pouvait
Un jour le toucher, comme une étoile et sa grâce.
Un rêve disparaît comme un mot prononcé
A la hâte, mais qu'à son tour le temps efface…

XVII

Pour contempler un jour l'élégance divine
D'un songe céleste embelli de beaux sourires,
Il me faudrait m'évader des bas-fonds du spleen ;
Découvrir les charmes de l'amour sans souffrir...

XVIII

Quelques mots murmurés sur fond de féerie,
Je ressens l'intense désir de t'embrasser,
De te voir, te serrer contre moi et t'aimer
Ô à jamais, le temps d'une étreinte infinie…

XIX

Penser à toi une fois,
Puis deux puis trois,
C'est vouloir te serrer dans mes bras
Des milliers de fois ;

Etre si loin de toi,
C'est espérer que tu reviennes déjà,
Pour te murmurer sur le ton du secret,
Un mot, puis deux puis trois.

Etre si loin de toi,
C'est souhaiter entendre ta voix,
Et plus encore, te sentir près de moi,
Pour vivre un rêve, puis deux… puis trois !

XX Volontés

Je veux rouiller
Comme une chaîne au fond des eaux,
Etre le maillon brisé par la corrosion ;
Je veux être l'anéantissement d'une vie,
Le naufrage d'une âme ;
Je veux être l'épave enfouie à jamais sous la vase ;
Je veux être décombres et vestiges d'un corps ;
Je veux détruire, massacrer, tuer ;
Je veux être le rêveur déchu,
Le poète avili ;
Je veux être la source du mal ;
Je veux crier ma colère,
Exhiber ma rage ;
Je veux abolir le silence et prôner le vacarme ;
Je veux être le traître détesté,
Le menteur avéré ;
Je veux déplaire et scandaliser ;
Je veux être triste, affligé ;
Je veux voir la nuit régner,
Le jour périr ;
Je veux m'imprégner de dégoût ;
Je veux être l'esclave battu à mort,
L'opprimé, l'asservi ;
Je veux un univers de débauche,
Sordide, infâme ;
Je veux de l'angoisse, de l'effroi ;
Je veux corrompre ;
Je veux instaurer le vice,
Bâtir une société de tourmente,
D'émeutes et de violence ;

Je veux faire un cauchemar,
Ne jamais en sortir ;
Je veux brûler en enfer,
Sentir les flammes me consumer ;
Je veux souffrir ;
Je veux mourir ;
Je veux mettre toutes ces volontés dans un livre,
Le baptiser « Chaos »
[Le piétiner, le saccager, l'incendier]
Et n'avoir de désirs que d'aimer et d'être aimé…

***

Je veux fuir ma vie, fuir le monde ;
Je veux m'évader, disparaître,
Et renaître dans ton cœur.

XXI

D'innombrables idées se bousculent en masse pour se précipiter sur ce tumultueux torchon de pensées et de sentiments, s'appropriant une à une la forme singulière d'un mot griffonné à la hâte. Ecrire me soulage de mes maux ; chaque mot me déchirant le cœur. Bien plus qu'une envie, c'est un besoin sur lequel je n'ai aucun pouvoir. Souffrant, je rédige ; rédigeant je souffre un peu plus, alors je range la plume et jette le papier ; mais ce faisant, je sombre dans une tristesse sans pareil, et souffre encore et toujours, de ce mal dévorant qu'est l'amour.

XXII Crépuscule

Le ciel pleure
Des larmes étoilées ;
La lune flotte
Au cœur de l'océan scintillant.

XXIII Petite graine

Imaginons ton cœur comme une graine blottie au plus profond de mon être.

Le temps d'un songe, laissons-la prendre racine dans la boue de mon cœur, ce somptueux marécage de sentiments croupissants…

Laissons petite graine devenir rose ravissante.

Voilà qu'un jour les pétales tombent un à un ; mais l'un d'eux s'envole si haut dans le ciel qu'il devient un ange à ton image, avatar de nos cœurs mêlés l'un à l'autre, dans un rêve sans fin…

XXIV La première fois

La première fois,
J'aurais aimé faire l'amour
Avec la princesse qui hante mon coeur ;
Sur la grève d'une île perdue
Dans un océan de désir et d'envie ;

J'aurais aimé faire l'amour
Sous l'onde caressante du vent
S'engouffrant entre les rochers ;

J'aurais aimé faire l'amour
En délectant la délicate
Agitation des vagues éthérées,
Dont le remous éternel apaise la pensée
Et attise la flamme passionnée.

J'aurais aimé faire l'amour
Par une brise fraîche d'un soir d'été,
Parfumée par les embruns d'une tempête passée...

Oh j'aurais voulu ne jamais m'échapper
De ce rêve voluptueux ;
Ne jamais revenir à la réalité.

J'aurais voulu être aveugle,
Oh aveugle d'une nuit,
Pour ne jamais croiser
Le regard perdu de cette inconnue,
Un soir d'ivresse et de débauche...

XXV Le Papillon

Un papillon me heurta
En plein milieu de l'après-midi.

Quelle sensation étrange
Que le choc délicat d'une aile
Aux beautés indéfinissables ;
Ephémère et douce émanation de légèreté.

Nommons Papillon, la grâce ;
Papillon, le temps qui passe.

XXVI Le Galet

Le galet est une pierre polie par l'océan ;
Le cœur, par les sentiments.

Certains voudraient s'arracher le cœur
Pour y mettre à la place une pierre.

[Colère. Passion.
Ardeur. Haine.]

Le galet, le cœur ; L'un est l'autre.

Si mon cœur est un galet,
Il ne bât plus.
Mais il ne meurt pas ;
Il revit.

Il n'est qu'un stade de l'évolution humaine…
Face à l'amour.

XXVII Royaumes

Je pars ce soir, le temps d'un songe,
Explorer un Royaume imaginaire,
Splendide univers de l'esprit
Dans lequel je suis Roi de l'Infini,
Et où chacun est Maître de l'Incréé ;
Chacun est un fragment de vide dans le Vide,
Un éclat de rien dans l'Inexistence…
Mais tout est beau, tout est calme.
Le silence est une note qui peu à peu devient harmonie,
Un son pur à peine audible, à la fois limpide et prodigieux.
Je suis heureux, mais pas autant que dans tes bras ;
Je me sens tellement bien, serré tout contre toi…
Mais j'ai peur de revenir à la réalité,
Car face à toi et ta splendeur,
Je ne suis qu'un être de peu d'intérêts.
Je ne possède que mes mots,
Mes pensées et mes rêves ;
Mais à mon retour,
Du Royaume de mon cœur dont tu es la Princesse,
Je te sacrerai Reine…

XXVIII La Chute

La folie me submerge,
Alors je me jette dans le vide.
La peur paralyse le corps,
Décompose le mouvement.
La chute s'accélère ;
Le cœur cesse de battre.
Je suis mort.
Et je m'écrase.

XXIX L'Ouvrage du Poète

Voyez ce monde comme une salle immense.
Six murs composent ce cube de désespoir,
Sol et plafond compris.
Ces remparts sont l'Imagination,
L'unique frontière de La Chose.
Pas de portes, mais trois fenêtres,
Un tableau, une chaise, un luminaire ;
Respectivement sur chaque face.

Aux travers des fenêtres,
Vous ne pouvez distinguer que votre propre reflet,
Un visage apeuré,
Un regard vide ;
Car il n'y a rien derrière ces vitres,
Rien au-delà de l'Imagination.

Le tableau est une peinture
[Sans pigments, sans couleurs, sans formes]
L'œuvre ne représente rien,
Mais elle exprime Tout.
Vous n'arriverez peut-être jamais à la comprendre,
Mais vous avez l'éternité pour l'admirer.

La chaise est déposée au centre
De ce parquet dont chaque latte est un tourment,
Une envie de se défenestrer dans ce Rien
incommensurable,
Aux portes de l'Infini.

Le luminaire n'est qu'une ampoule brisée.
Vous tentez de deviner
Chaque rayon de lumière,
Vous les imaginez un par un.
C'est alors que la pièce s'agrandit
Petit à petit, puis de plus en plus…

Et le parquet avec.

XXX L'Ombre

Elle est partie.

Je n'ai qu'à m'en foutre ;
Me foutre de tout,
Surtout du reste.

Je n'ai qu'à détester le monde pour ce qu'il est,
Et ce que nous y sommes ;
Je n'ai qu'à détester le monde,
Le détester tout simplement,
Autant que moi,
Et que mon ombre.

Nous sommes adossés contre un mur délabré,
 Mais elle danse la belle,
Et danse
Et danse
Dans sa folie.

Adossé contre ce mur, je la contemple…
Et elle danse la belle,
Et danse
Et danse
Infatigable et ténébreuse,
Sur le plancher de la nuit ;

Elle est partie.

Elle doit sûrement s'en foutre ;
Se foutre de tout,
Surtout de moi !

XXXI Je meurs sans mourir

je meurs sans mourir
je vis sans vivre
donne-moi mille raisons
de subsister
contre une seule
pour m'effacer
je suis comme un mot
je crains la rature
la mauvaise tournure
et l'on me prononce parfois
sans y prêter réelle attention
alors je disparais doucement
tout doucement
me fondant dans les aléas du temps
me mêlant au susurrement paisible du vent
j'aimerais mourir
dans tes bras
j'aimerais te dire
dans un long murmure de désespoir
combien tu me manques
ma Rose
le Léthé me submerge
je me noie dans le fleuve des souffrances
et sans me débattre
je meurs sans mourir

XXXII Le Dialogue

Ego : Entends-tu, ma rose, le doux susurrement de mon âme perdue ? Un cri renfrogné de tristesse qui te demande sans arrêt. Je te vois en rêve, t'aperçois en pensée. Et te surprendre à m'oublier, est-ce possible ? Douleur ! Vas-t-en funeste chimère ! Ôte tes serres de mon esprit ! Je me sens une fleur de printemps à l'agonie dans le froid de l'hiver. Sans trêve ni repos je compose en vain ce poème en prose.

Le moi : Hâte-toi de contenir tes mots !

Ego : Je ne peux m'y résoudre. Je souhaiterais tant parvenir à esquisser en quelques phrases les traits de son visage. Je n'y arrive pas. Toi ma déesse, comment pourrais-je te décrire ? Tu es Pétale de rose, je ne suis qu'épine…

Le moi : Et du haut de cette bassesse, comment oses-tu te permettre de l'admirer ! Insignifiant, garde tes yeux pour contempler le sol ! Enlise tes rêves dans la boue des racines, au lieu de viser à flatter de célestes pétales. Tu n'es rien ! Si ce n'est un poète déchu, avili par de néfastes sentiments qui te rongent déjà. Enterre ton cœur pour l'éternité, ce poids douloureux dans ta misérable existence ! Tu ne la mérites pas ! Elle est Océan, tu es goutte d'eau ; elle est Lune, tu n'es même pas une étoile parmi des milliards !

Ego : Ecoute, ma rose, cette plainte mystique, périssant, se mêlant au murmure du vent. Viens danser avec moi quelques pas ténébreux. Laisse-toi porter par la paisible mélopée ; laisse-toi bercer au rythme de mes paroles. Je t'en supplie, ne brûle pas mes ailes d'une sombre flamme ! Je veux voler à tes côtés, quitte à m'écraser ; vivre auprès de toi, quitte à en mourir…

XXXIII Etreinte

dans l'ombre de tes yeux
je dissimule une partie de mon âme
la face obscure de mes émotions ensorcelées
tu es l'absente de mon cœur
mon entaille ma profonde entaille
celle qui ne se refermera jamais
tu me manques
oh comme tu me manques
je suis seul dans la foule
seul au beau milieu de tous
seul sans toi
aujourd'hui c'est de loin
de beaucoup trop loin
que je t'admire
dans ma mémoire sont inscrits
tous ces moments de volupté
lorsque c'est de tes bras que je te contemplais
ma Rose
serré tout contre toi
ma tête posée sur ton épaule
ma main devient caresse
mes pensées s'éparpillent peu à peu dans ton cœur
souviens-toi de ces jeux enchantés
ô ma Déesse ma Rose Bleue
j'ai besoin de ta présence pour vivre
de ton image pour survivre
de ton absence pour m'isoler
et souffrir encore et encor
je suis prisonnier de mes désirs

de mes envies les plus intenses
de mon envie de plaisir
de mon envie de mourir
libère-moi mon Ange libère-moi
je suis flamme dans la nuit
flamme qui s'éteint
flamme qui fut mais ne sera
je savoure et déguste
cette folie amoureuse
cette euphorie délicieuse
je me nourris de jour en jour
de chaque attention que tu m'offres
de chaque regard que tu m'abandonnes
je n'ai de cesse de penser à toi
tu n'as de cesse de me manquer
enlace-moi que je t'embrasse
embrasse-moi mon Amour embrasse-moi
nous sommes l'étreinte de deux âmes
tu m'aimes comme je t'aime
je frôle tes grâces tes beautés ensoleillées
j'allume au plus profond de ton être
un brasier ardent
un feu ravageur d'une passion encore inconnue
je suis phénix immortel sur le bûcher de ton corps
mais voilà que je me réveille
de ce rêve si doux si merveilleux
tes sentiments n'étaient qu'un songe
moi je t'aime
je t'aime tant que j'en agonise de bonheur
regarde-moi Muse éternelle regarde-moi
vagabond rêveur que je suis
flânons ensemble ma Rose flânons à jamais
dans ce cauchemar d'allégresse qu'est l'amour

XXXIV

Dans un coin de ton coeur,
Je t'écrirai une lettre ;
Poème embelli de mille tourments,
Orné de mon désespoir le plus pur !
Prends garde à moi,
Ma Muse.
Je suis un écrivain dans l'abandon,
Qui se joue de ses mots,
Jouit de sa prose,
Et se fond dans la foule.
Je demeure dans l'encre
De ces phrases,
Dans ce monde inventé.
Car dans ta vie,
Je ne suis rien ;
Rien qu'un démon qui t'aime…
De loin.

XXXV

Je suis

Un poète
Enchaîné
Au plus beau
Pilier de l'Enfer ;

Je suis

La face avilie
De mon être.
Triste,
Je cesse
L'écriture de
Ces plaintes mélancoliques ;
L'écriture de ce torchon
De tourmente et de désespoir.

Dans l'agonie du temps,
L'amour subsiste.

Table

Préface..7
Avertissement.....................................9

I	Alexandrins de la douleur.................13
II	Toi que j'aimais......................... 14
III	15
IV	16
V	Stances inachevées.....................17
VI	Heptasyllabe.............................. 18
VII	19
VIII	20
IX	21
X	22
XI	23
XII	Le Temps d'un soupir................24
XIII	25
XIV	Sur un air de folie..................... 26
XV	27
XVI	28

XVII		29
XVIII		30
XIX		31
XX	Volontés	32
XXI		34
XXII	Crépuscule	35
XXIII	Petite graine	36
XXIV	La Première fois	37
XXV	Le Papillon	38
XXVI	Le Galet	39
XXVII	Royaumes	40
XXVIII	La Chute	41
XXIX	L'Ouvrage du poète	42
XXX	L'Ombre	44
XXXI	Je meurs sans mourir	45
XXXII	Le Dialogue	46
XXXIII	Etreinte	48
XXXIV		50
XXXV		51

Impression : Books on Demand GmbH,
Norderstedt, Allemagne
Editeur : Books on Demand GmbH,
Paris, France
Dépôt Légal : Octobre 2008.
ISBN-13: 9782810601271